宇宙無限力の超活用

錦城ひかり

はじめに

過去、数えきれない程多くの願望実現・能力開発、健康長寿等に関する著書が出版されてきました。

実際に実行に移してみると、ある程度の効果は実感できますが、何かが足りない、何か重要なものが抜け落ちているというもどかしさを、私は感じていました。

それが何なのか分からないまま、長い時が過ぎていきました。しかし、「塩谷式正心調息法」に出合った時、これこそ求めていたものだと確信しました。

塩谷式正心調息法は、医学博士・故塩谷信男先生が、様々な呼吸法を研究された後に創始された、最強の呼吸法です。

イメージや言霊力と共に丹田呼吸法を用い、意識的に宇宙無限力を身体に満たし、それをレーザー光線のように目標に集中放射する時、確かな手ごたえと飛躍的な願望実現力を手にするのです。

さらに「大断言」という偉大な言霊を発する時、全てが良い方向へと展開し始めていくのです。

従来の、単に心にイメージを描いたり声に出したり文字にして書いたりする方法等に、意識的に宇宙無限力を収束・放射する正心調息法と、大断言という偉大な言霊を組み合わせた時、完璧な願望実現・能力開発法が誕生するのです。

塩谷先生は、自ら創始された正心調息法と大断言を用いて、驚異的な健康長寿、能力開発、財政的な繁栄を達成されたのでした。

前著『すべてを叶える「宇宙無限力」』は、塩谷信男先生の教えを忠実に伝えることに重きをおいて書いたものでした。

本書においては、私が実践している正心調息法を中心とした、様々な自己実現・能力開発法を示したいと思います。

読者の幸福な人生の実現に、少しでもお役に立てたなら幸甚です。

もくじ

正心調息法の奇跡

震災の被害を免れる

塩谷先生は、生前、正心調息法についてご講演会をされる際は、まずご自身の体験を述べることから始められました。

私も、まず自分自身の体験談を述べることから始めてみたいと思います。

二〇一一年（平成二十三年）三月十一日、私は昼休みを利用してクリニックの診察室の中で瞑想を行っていました。

十四時四十六分、突然、クリニックが大きく揺れだしました。

スタッフが悲鳴を上げながら、外へ飛び出していくのが分かりました。

クリニックは大丈夫と〝分かった〟私は（瞑想中は、何でもよく分かります）、構わず瞑想を続けていました。

外から、「院長、早く出てきて下さい！」とスタッフが大声で叫んでいました。無視して瞑想を続けていると、スタッフは私が昼寝をしていて気づいていないとでも思ったらしく、なおも大声で、「院長！　出てきて下さ～い！」と叫び続けるのでした。

仕方なく、瞑想を中断し、外へ出て驚きました。

駐車場に止めていた自分の車が、まるでオモチャのように上下に大きく飛び跳ねるように揺れていたのでした。

後ろを振り向くと、クリニックの建物も大きく揺れているのが見えました。

事の重大さを悟りましたが、相変わらず〝私のクリニックは大丈夫〟との確信は変わりませんでした。

地震がおさまった後、クリニックへ入ってみると、高いところに収納しているカルテが落ちただけで、実質的な被害はありませんでした。

一方、周囲では多くの被害が出ており、私のクリニックのある地域は、〝被災地〟と認定されたのでした。

隣のクリニックも大きな被害を受け、一週間の休診を余儀なくされておりました。

また、帰宅した際、自宅でも全く被害がなかったのに驚かされました。台の上に乗せてあるだけの大きな液晶テレビも、まるで何事もなかったかのようにいつもの場所にありました。

ちなみに、正心調息法と大断言を実践してないクリニックのスタッフの自宅は、割れた食器等で、床は足の踏み場もなかったのでした。

塩谷先生のご著書『大断言』（東明社・刊）や拙著『すべてを叶える「宇宙無限力」』（文芸社・刊）で紹介されている、北海道のSさんのエピソードを思い出しました。

北海道中が大雪に見舞われた中、正心調息法と大断言を行っていたSさんの自宅だけ雪が積もらなかったのでした。

開業時の危機

約十九年前、訳あって、当時、まだ比較的寂しい村であった現在の地で開業しました。

まったく初めての地でありましたが、超楽観的な私はすぐに多くの患者が来院し、開業時に組んだローンの返済もスムーズにいくと思っていました。

しかし、甘かった！

そこの住民の多くは、親、あるは祖父母の代から既に掛かり付けの医者がおり、新顔で若い私のクリニックには殆ど患者は来なかったのでした。

最初の一か月目は二五〇万円の赤字でした。

運転資金として五〇〇万円程用意していたので、あと一か月すれば患者も増えて採算も取れてくるだろうと、私はなおも楽観的に考えていました。

しかし、次の月も殆ど患者は来ませんでした！

二か月目の終わり頃、いよいよ運転資金が底をついた時、さすがに呑気な私も焦ってきました。

開業は十月一日であったので、三か月目は十二月、つまりローンの支払いや通常のスタッフへの給料と共に、月末にはボーナスも払わなければならないのです！

現在なら銀行からの運転資金の借り入れ等を考えるのでしょうが、お金に疎い私はそんなことも思いつかず、「どうしよう！」と焦るばかりでした。

夜、寝ている最中、「銀行へのローン、お給料とボーナスの支払い、どうしよう……」と、ドキドキしながら目を覚ますことも何度かあった程です。

生まれて此の方、お金の心配をしたことがなかった私にとって、お金の心配で夜中に目を覚ますなど、全く初めての経験でした。

「親、兄弟、親戚に借金を申し込もうか？」とも考えました。

そんな時、塩谷先生が、昭和の大恐慌の時、正心調息法の原型を用いてクリニックを繁栄させ、〝東京一の流行り医者〟と呼ばれる程繁盛したことを思い出しました。

そこで、現状を打開するために、私も正心調息法と大断言を試してみようと思い立ちました。

患者の来ないクリニックの点滴室に籠り、塩谷先生と同じように正心調息法を用いて、患者が多くやって来て待合室が一杯になった様を心に描き、「患者が多くやって来た。どんどんやって来た！」と断言し、さらに大断言を繰り返しました。

すると、間もなく患者が少しずつ来院するようになり、それからは急速に増えていきました。

そして、十二月の終わりには、ローン、給料とボーナスを支払っても、十分な収入が得られたのでした。

以後、私のクリニックの経営は順調です。

激増する副収入

それだけではありません。後ほど説明する大宣言正心調息法を行うようになった頃から、資産運用の成績が劇的に改善し、多くの富が流れ込むようになりました。

時として開業医としての収入を上回る程です。

正心調息法の経済面での効果を、ますます実感するようになりました。

有り余るエネルギー

正心調息法を行っていると身体中にエネルギーが満ち溢れてくるのを自覚します。

特に最近は、歩いている最中に多いのですが、時々、突然身体の奥から強いエネルギーがグーッと湧き上がり、全身に満ち渡るのを感じることがあります。

そのような時は気分が高揚してとても幸福な気持ちになり、またどんなこともやり遂げられるという自信が漲ります。これは、二十代の頃にも感じなかった充実感です。

医師としての多忙な毎日を送りながら、有り余るエネルギーを用いて、このように著書を書き、また、テニスや複数の武道を楽しんでいます。

いつもエネルギーに満ち満ちて、健康で気持ち良く過ごせている自分を自覚した時、その幸せに心から感謝の念が満ち溢れてきます。

有り余るエネルギー 2

最近は、正心調息法に加え、後ほど説明します宇宙呼吸法、宇宙呼吸瞑想法等も行っているため、毎日、かなりの回数、丹田呼吸法を行っています。

その効果でしょうか、異常に体力がついてきました。

ある休診日のことです。

午前中、友人たちとテニスを楽しみました。

昼頃、友人たちは帰宅し、午後は休養ということでしたが、私は全く疲れていなかったので、昼食も摂らず、再び別の場所で、午後五時頃までテニスを楽しみました。

それでも全く疲労を感じなかったので、ジムに移動し、空手の練習を行いました。

午後八時までかなりハードにやったのですが、それでも全く疲労を感じません。

ジム閉館までやったとしても疲労しないだろうと思い、八時で終了としました。

高校や大学の頃よりも、中年の現在のほうが、はるかに体力があるようです。
正心調息法の絶大な効果を実感した一日でした。

著書の出版

拙著『すべてを叶える「宇宙無限力」』を多くの方々にお読み頂き、感謝しております。

読者の方々も同じだと思いますが、以前は、本を書くなんて特殊な才能の持ち主だけに出来ることであり、自分には関係ないことだと思っていました。

私にこのような文章を書く才能がないことは、自分自身が一番よく知っていました。

実際、私が前著を執筆中、「今、本を書いているんだ」と言っても、家族や友人たちは殆ど関心を示しませんでした。「ありえない」と思っているようでした。

私が、ついに出版にこぎつけた時も、私の家族や友人・知人たちは一様に「信じられない」というような表情でした。

自他ともに認める、文章の才能に乏しい私が著書を出版できたことは、やはり宇宙無限力の活用のおかげだと確信しています。

〝私が書いた〟というより、〝宇宙無限力そのものに書かされた〟というのが実感です。

実際、前著の校正の際、原稿を読み返していると、まるで他人の書いた本を読んでいるような気分になり、あまりにも面白くて校正を忘れて読みふけってしまう程でした。

盗難を免れる

私のクリニックは両隣が皮膚科と小児科で、前方には道路に面して薬局が位置しています。

裏は林で、道路側からは全く見えず、夜になると真っ暗になります。

ある時、左隣の小児科の裏口のドアの鍵が壊されました。

泥棒が侵入を試みたようです。

それから間もなく右隣の皮膚科が同様の被害に遭いました。

「次はうちかな……」と、少し心配しておりましたが、次に被害に遭ったのは道路側に位置する薬局でした。

「いよいよ次はうちかな……」と思っていると、左隣の小児科が再び被害を受けました。

その後は、盗難の被害は全く起きず、現在に至っております。

なぜ私のクリニックだけ被害を受けなかったのでしょうか……。

正心調息法と大断言の効果と確信しております。

生命の危機を免れる

数年前、深夜、車で帰宅途中のことでした。

殆ど車は走っていなかったので、スピードを出していました。

駅から商店街に通じる陸橋（ビル三階くらいの高さ）の下を通過した時、フロントガラスのすぐ真正面、顔面の高さに、突然こぶし大程のコンクリートの塊が現れました。

陸橋の底部のコンクリートが剥がれ落ちてきたものでした。

一秒にも満たない時間でしたが、私にはスローモーションのように見え、いろいろなことを考えていました。

落下中のコンクリート片の大きさ、位置から判断して、フロントガラスを突き破って車に飛び込み、私の顔面あるいは、頸部を直撃するだろうと判断しました。

このままでは大変なことになると思い、身体を右のドアの方へひねりましたが、狭い座席内でのこと、身体はわずかしか動かず、死を覚悟しました。

ところが、ドッカーンと大きな音を立て、コンクリート片は斜め前方へ跳ね飛ばされたのでした。

一瞬、「助かった！」と思いましたが、次の瞬間、コンクリート片に付着していた泥水がフロントガラス一面に飛び散り、前方が見えなくなってしまいました。当時、小雨が降っていたのです。

時速五十キロメートル以上の速さで走る車を、前方が全く見えない状態で運転することがどんなに恐ろしいものか、体験した者でなければ分からないと思います。

左後方及び左前方には並走する車、右側はガードレールです。

前方が全く見えない状態で二、三秒、ひたすら真っ直ぐ進むようにハンドルを握って絶望的な努力をしていましたが、ふと、フロントガラスの下端に、わずかに泥水を被っていない部分があるのに気がつきました。

必死に前屈みになりながら、ハンドルの間から、そのわずかな隙間を通して前方を確認し、徐々に速度を落としていきました。

ハンドルに顔をつけるようにして体を大きく前屈させていたので、直進するようにハンドル操作をすることがとても難しかったのを覚えています。

この時、同時にフロントガラスのワイパーを動かしましたが、殆ど効果はありませんでした。

徐々にスピードを落とし、やっと、近くのファミレスの駐車場に車を停めることが出来た時は、心底ホッとしたのでした。

驚くべきことに、フロントガラスや車体を調べたのですが、キズ一つ付いていませんでした。

通常、あのような強い、急激な衝撃を受けると、フロントガラスは簡単に砕け散るものです。

しかし、私の車のフロントガラスには、ヒビやキズさえもついていなかったのでした。

後で振り返った時、本来、私はあそこで死ぬか大怪我をすべき運命であったと強く確信しています。

私が車で通りかかる、まさにその時に、陸橋の底面からコンクリート片が剥がれ落ちたこと、それが猛スピードで走る私の車の、ちょうど顔面の高さでフロントガラスに激突したこと、その後、何とか危機を脱出した私に、ご丁寧に、さらに泥水がフロントガラスを蔽うという危機が襲いかかったことなど、天文学的な確率の出来事が連続して起こったことを考えると、どうしても私を死へといざなおうとする運命の力を感ぜずにはおれませんでした。

しかし、〝何らかの力の介入〟により、その危機を免れることが出来たと強く実感したのでした。

友人の医師に電話で話したところ、「先生（私のこと）は、正心調息法をやっているからでしょう」と答えました。

大断言の功徳と共に、〝運命をも変えるとてつもない力〟に自分が強く護られていることを実感し、とても安らかな気持ちになりました。

神に、何度も感謝の祈りを捧げたのでした。

それにしても、後から振り返ってみると、落下で加速が付いたコンクリート片を目撃し、フロントガラスに激突するまでに〇・一〜〇・二秒の一瞬の出来事でしたが、全てがスローモーションのように見え、様々なことを考え、判断し、避ける行動まで行えたことは、驚嘆すべき経験でした。

シンクロニシティの頻発

拙著『すべてを叶える「宇宙無限力」』は、当初、本心庵から『宇宙のパワーを呼び込む生き方』という書名で出版されました。

本心庵の池田光氏と、本の出版について打ち合わせをした当日のことでした。楽しく充実した話し合いの後、駅から車を運転して帰宅しました。

何気なく前方を走る自動車のナンバーを見ると、「777」でした。

「ラッキー7だ。吉兆だ！」と嬉しくなりました。

その翌日、Ａｍａｚｏｎに注文してあった古書が届きました。

何気なくページをめくっていると、何かが本の間から落ちてきました。拾ってみると、前所有者が挟んだまま忘れてしまったと思われる、〝四つ葉のクローバー〟でした！

もちろん、四つ葉のクローバーは幸運を暗示しています。

これらは、私が行っている塩谷先生の本の出版が、神様（あるいは宇宙）の意に適っていることを示す〝見えない世界からのお知らせ〟、シンクロニシティです。

ますます嬉しくなりました。

この四つ葉のクローバーは、現在も大切に保存しており、時々取り出しては観ています。

その後間もなく、友人たちとテニスを楽しんでいる最中、十二月にもかかわらず、どこからか小さな黄色の蝶が飛んできて私の周りをしばらく飛び回りました。幸運を暗示する出来事と直感し、またまた、嬉しくなりました。

最近、ますます様々なシンクロニシティが頻発しており、宇宙というものは、我々のために、常に様々なメッセージを発していることを実感しています。

斎場御嶽（せーふぁうたき）にて大断言

二〇一〇年八月（前著出版の二か月前）、〝たまたま所用で〟沖縄を訪れる機会がありました。

八月四日、久々に再会した友人と話をしていると、突然、沖縄の最高の霊場と言われる斎場御嶽を訪れてみたいという気になりました。

〝偶然にも〟その友人は斎場御嶽を訪れたことがあり、案内してくれることになりました。

御嶽への道々、またも多くのシンクロニシティが出現し、神霊に導かれていることを実感しました。

斎場御嶽には複数の拝所があるのですが、各拝所には当然の如く多くの観光客がいました。

神様と一対一でお祈りがしたいと思って立って待っていると、不思議と一瞬、観光客がいなくなりました。その間に急いで祈りを捧げたのでした。

聖なる島、久高島が見える拝所で手を合わせて祈り始めた時、思いがけなく大断言が口を付いて出てきたので驚きました。

元々、その場所に鎮座しておられる神霊に対し、沖縄を守護して頂いているお礼と世界の平和を祈るつもりでした。

しかし、突然口をついて出てきた自分自身の唱える大断言を、自分自身が不思議の感に打たれながら聞いてしまいました。

なぜ突然、野暮用が出来て沖縄に帰省することになったのか、なぜ突然、斎場御嶽を訪れたいと思うようになったのか、その意味を悟ったのでした。

私に、本の出版前に斎場御嶽で祈りを捧げ、大断言を唱えさせるための出来事であったと思われます。

ある著名な宗教家の扁額《へんがく》

ある日、ある著名な宗教家の直筆の扁額を譲り受けました。
以下は、譲って頂いた池田氏へのお礼のメールです。

本日、扁額を受け取らせていただきました。
予想していたものより、遥かに立派な扁額なので驚きました。
書かれている文字は、〝無礙〟でしょうか?
ところで、扁額を受け取った後に興味深い出来事が起こりました。
扁額は、丁度、ある一人の患者の診察が終わった後に届きました。
私が直接受付で受け取った後、すぐに次の患者の診察となりました。
ところが、その患者のカルテの姓を見て驚きました。

〝神（「じん」と読むようです）〟という、初めて遭遇する姓でした。

ご本人によりますと、青森に多い姓だとのことです。

これは、〇〇先生の魂が偉大であること、扁額がとても貴重なものであることを私に伝えるための霊界からのメッセージです。


午後に少し体調の異変を感じ、軽い風邪と思われました。

開業医は毎日のように何人もの風邪の患者を診るので、時々感染してしまいます。

しかし、突然患者が途切れ、たっぷり一時間ほど休むことが出来ました。

これだけ長時間、患者が途切れることは、滅多にないことです。


そして、私が体調を回復し休養を終えた途端、まるで待ち構えていたかのように次から次へと患者が訪れ始めました。

これも扁額の功徳かと思っています。

考えてみますと、この扁額、お金で買ったのではなく譲っていただく形となった経緯から、既に見えない世界からの介入が感じられます。

本当に素晴らしい扁額、ありがとうございました。

さらにスケールの大きな数々の奇跡は、塩谷先生のご著書、私の前著等をご参照下さい。

宇宙無限力の活用

塩谷式正心調息法

では、始めに、塩谷信男先生直伝の「塩谷式正心調息法」について解説したいと思います。

前著でも紹介しましたが、まず、オリジナルの塩谷式正心調息法を十分に理解し、体得することがとても重要なので、本書でも説明したいと思います。

既にご存知の方も、もう一度、復習の意味で熟読して下さい。

塩谷式正心調息法は、「正心」という心の持ち方と、「調息」という腹式呼吸法から成り立っています。

・正心

物事を全て前向きに考える。
感謝の心を忘れない。
愚痴をこぼさない。

適切な心の状態を保つことは、健全な精神、良好な人間関係を保つと共に、肉体的健康と長寿を得るために、とても重要な意味を持ちます。

心と身体は、相互に密接に関連しているからです。

さらに、人は心の状態に応じた出来事を引き寄せると言われています。

健康な肉体と共に、幸運にも恵まれた人生を送るためには、それにふさわしい心の状態、正心が不可欠なのです。

・調息

この呼吸法は、塩谷先生がまだ学生の頃から、自ら様々な呼吸法を実践し、研究を重ねて完成させた、究極の呼吸法と言えるものです。

いつでも、どこでも、誰にでも簡単に実行でき、しかも絶大な効果を得ることができる万能の呼吸法なのです。

では、正心調息法の具体的なやり方を説明していきましょう。

・姿勢

背筋を自然に真直ぐにして、心もちアゴを引いて座ります。左右に身体が傾かないようにしましょう。

上半身を真直ぐに保てるなら、坐り方は、あぐら、正座、椅子など自由です。椅子に座って行う際は、背は背もたれに持たせかけず、両肘も肘掛けに乗せないようにしましょう。

膝頭は、男性はこぶし三つ分程、女性なら一つか二つ分くらい離し、自然に座ります。

あぐらの場合は、座布団を二つ折りにしてお尻の下に敷くと良いでしょう。

病気の方や体が弱い方は、寝床で仰向けの姿勢で行っても構いません。その際は、両手は体の両側に伸ばし、手のひらは床面や布団につけるようにします。

写真１

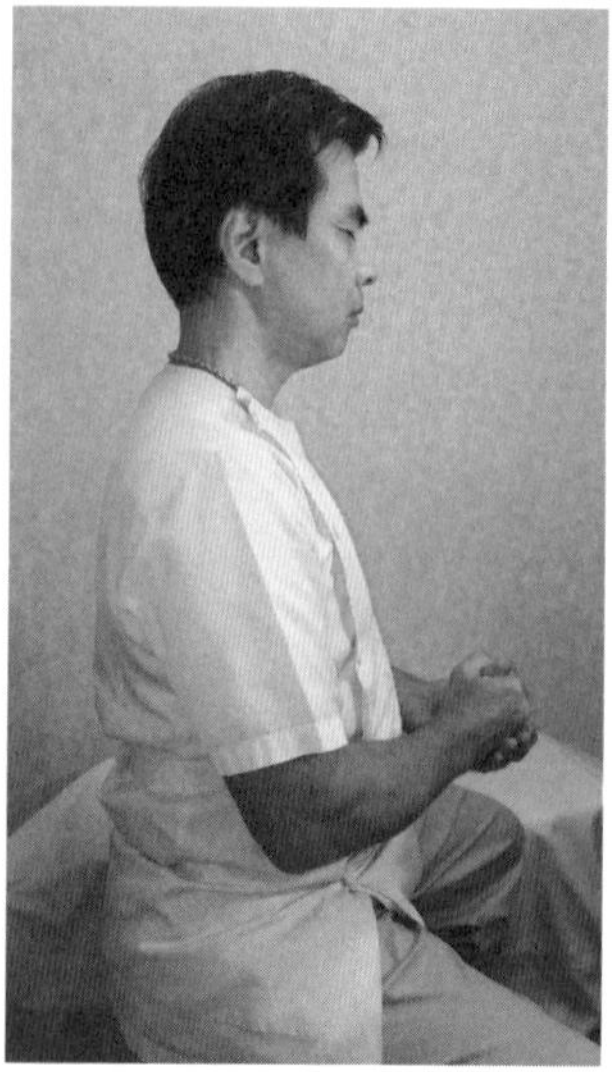
写真２

両目は軽く閉じます。

・鈴の印

両手を体の前で、利き手を上にして左右から両手でボールを包み込むように、中空を作りながら合わせます。

脇をしめ両肘は直角となるようにして自然に体の側面につけます。

これは、鈴の印と呼ばれ、〝神を象徴する形〟です。この印を組むことにより、天の意、宇宙無限力を受け取りやすくするためのもので、行をする仙人はみんな、この印を組むと言われています。

このようにして正心調息法を行った手には癒しの力が満ち満ちており、その手を体の悪いところに当てると治癒効果があると言われています。

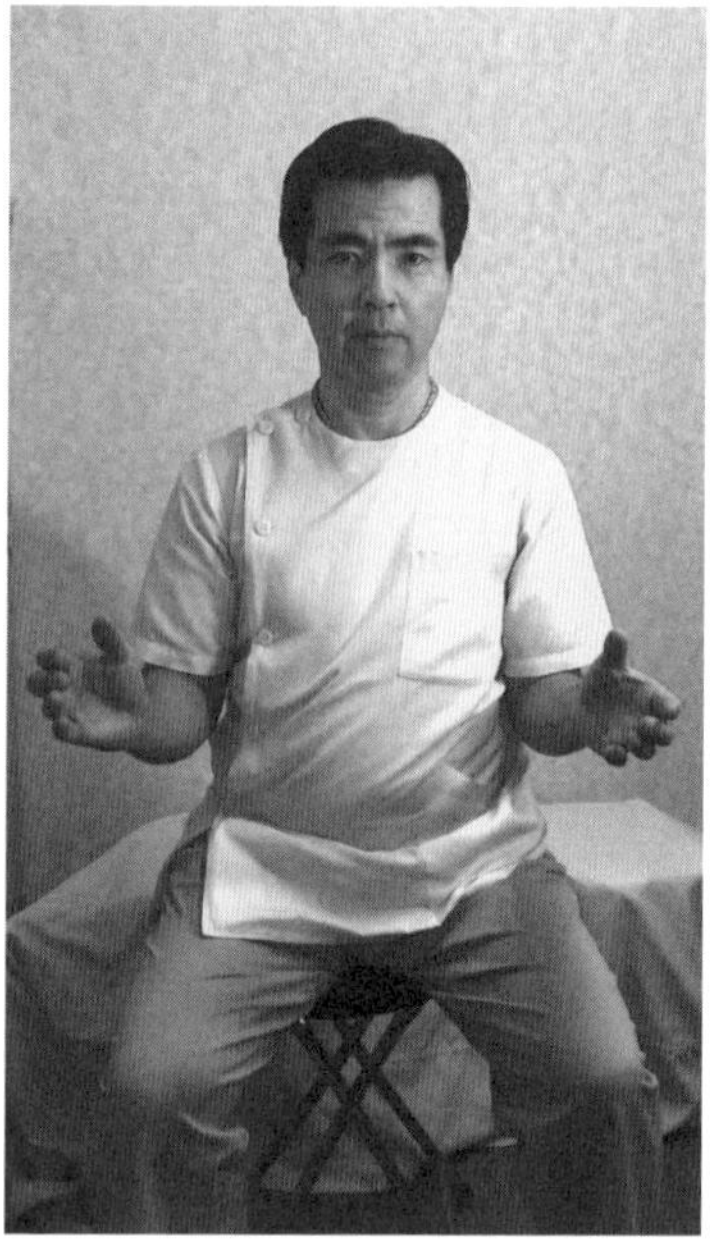

写真3

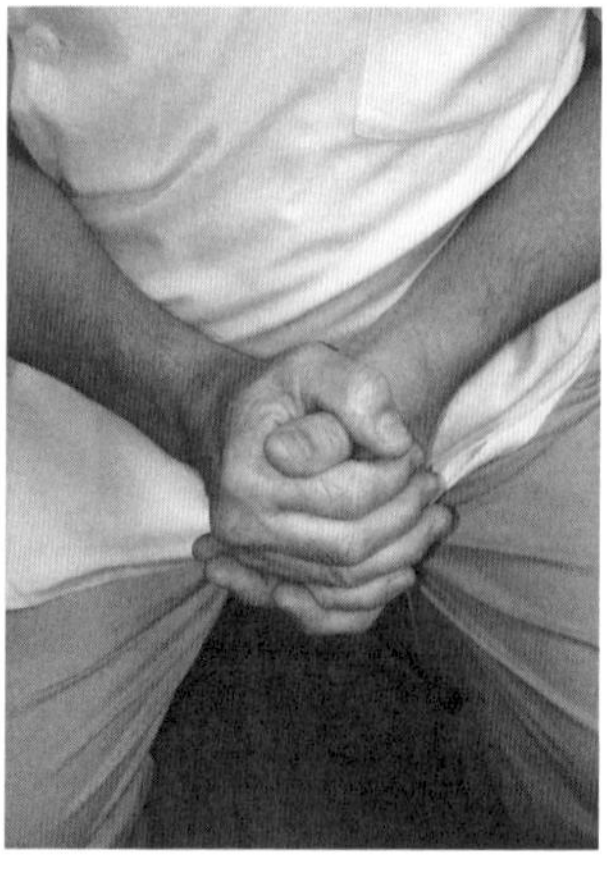

写真4

ここで、過去、正心調息法指導時によく見られた間違いを示しておきます。

一番多かったのが、鈴の印の間違いです。

そのなかでも多かったのが、写真5のように、内空がなくペシャンコの手の組み方です。

〝鈴〟の印ですから、内空を作ることは重要です。

次に多かったのが、写真6のように、両手が上下になってしまっている場合です。

既に説明しましたように、両手は左右から合わせ、立てたままです。

鈴の印は、あらゆる印の大本と言われる重要な印です。

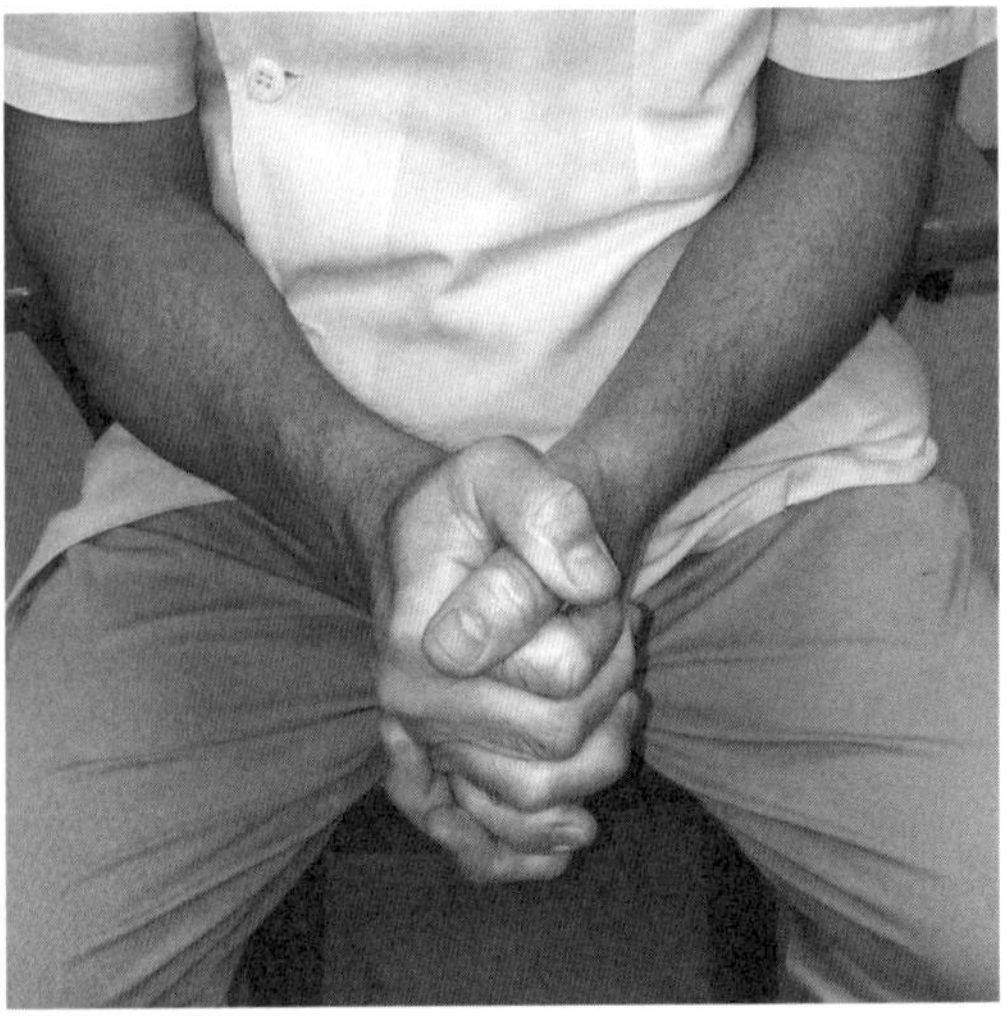
写真5

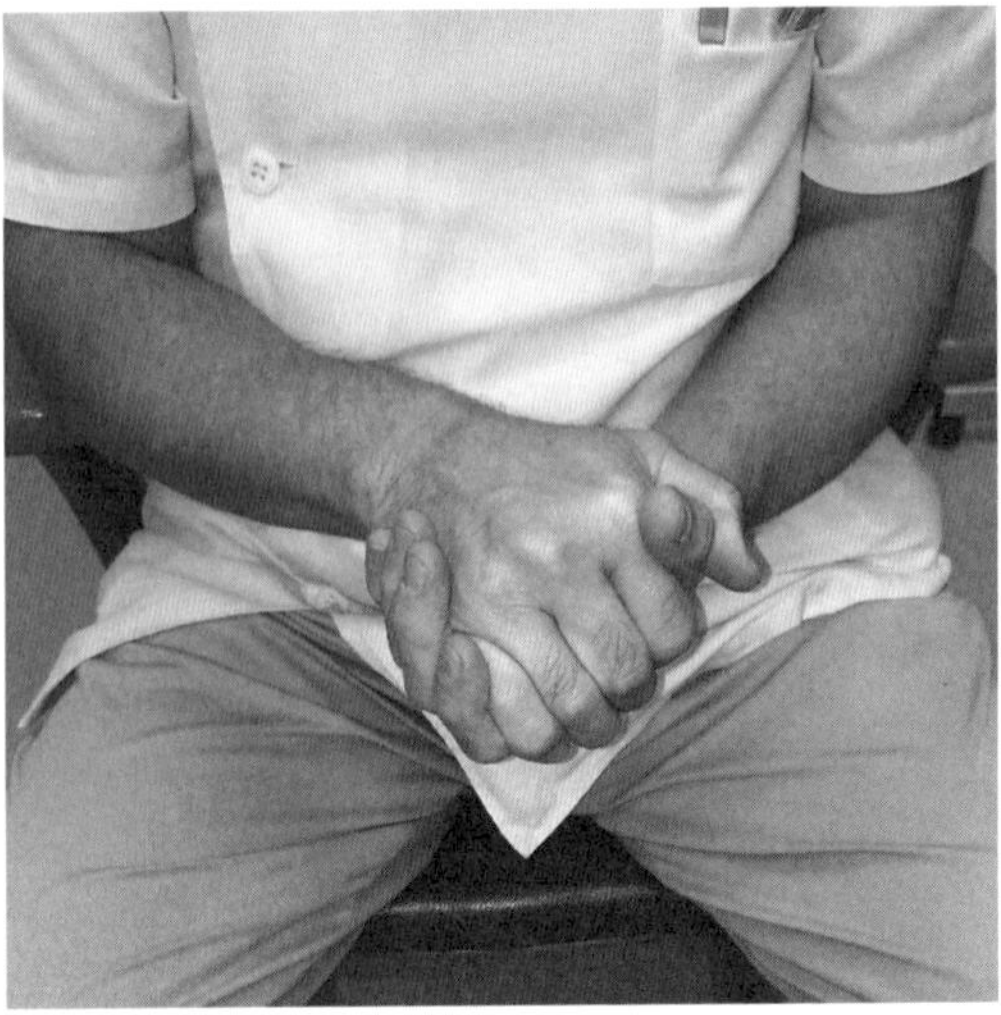
写真6

是非間違いないよう習得しましょう。

もう一つ多い間違いが、写真7に示しますように、肘が曲がりすぎている場合です。写真2で示したように、肘は直角とし、ゆったりとした姿勢を心がけましょう。

もう一つ、間違いではないですが、姿勢のコツです。

写真8で示すように、腰（仙骨）が後傾し、猫背気味になるより、可能なら写真9に示すように、仙骨を立て背筋を伸ばした方が丹田を意識しやすいのです。

ただし、痛みを感じる場合は、無理をされないようお願いします。

・**呼吸法**

基本的に、鼻から吸って、鼻から吐きます。風邪などのために鼻がつまっていると

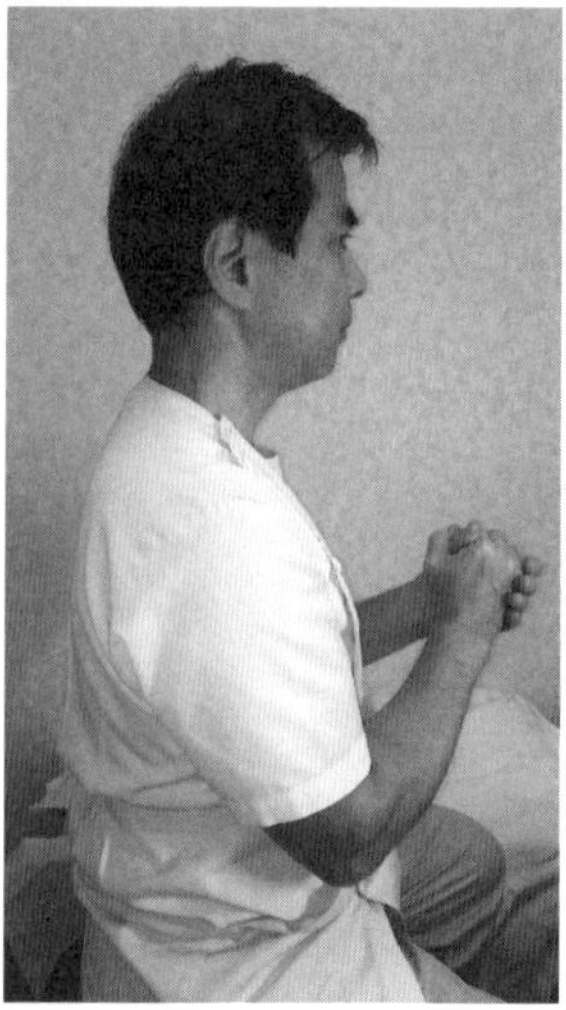
写真7

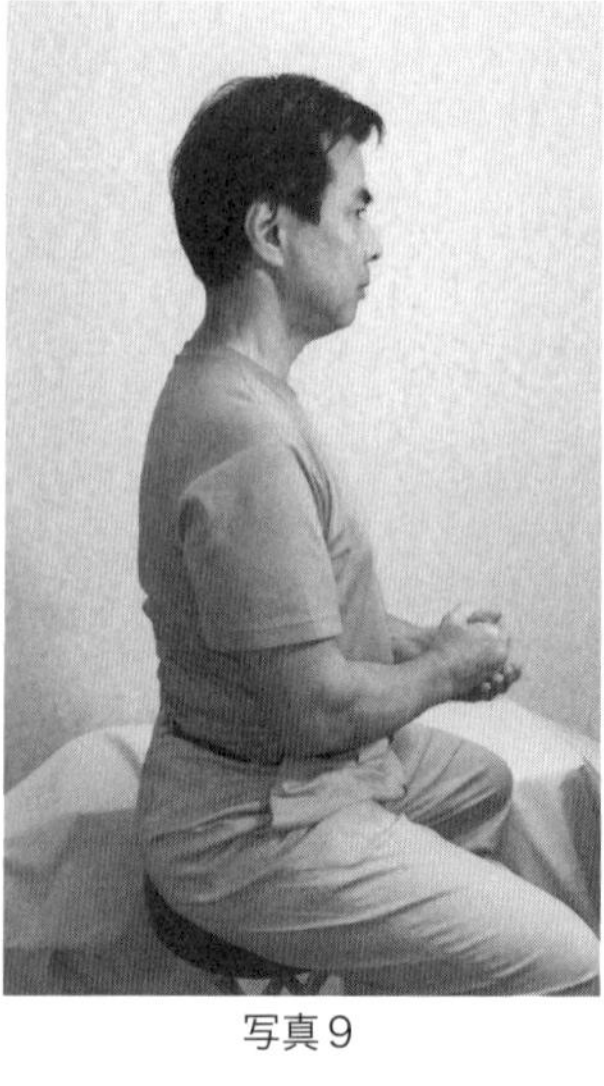
写真9

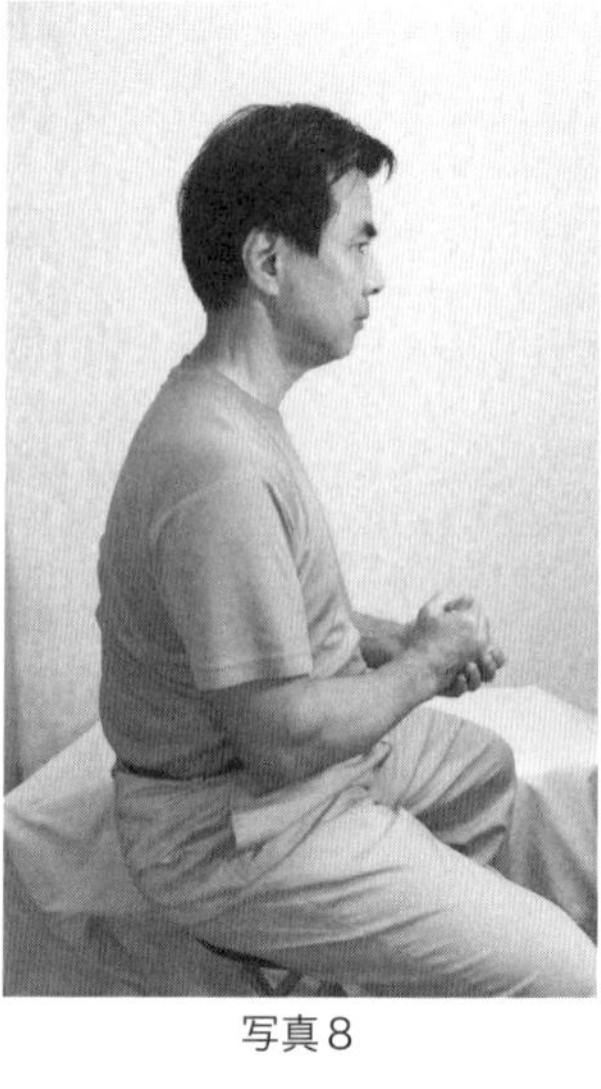
写真8

きは、口で行っても構いません。

①吸息……鼻から、「丹田」に向けるイメージで、肺底部まで静かに十分に息を吸い込みます。この時、吸気が正しく行われていれば、腹部（特に下腹部）が膨らみ、胸や肩は殆ど動きません。

②充息……吸い込んだ息を下腹（丹田）に押し込み、その状態で丹田に軽く力を込めつつ、苦しくない程度に息を止めます。血圧の高い人、特に心臓に病気のある人は、力みすぎないよう気を付けて下さい。充息の最中は、肛門を締めます。

③吐息……鼻から静かに息を吐き出します。お腹の力を抜いて十分に息を吐きだし、お腹を凹ました。

④小息……普通の呼吸を静かに一、二回繰り返し、呼吸を整えます。

以上を、一日最低二十五回は行います。何度かに分けて行っても構いません。とにかく継続することが重要です。

⑤静息……二十五回の呼吸を終わったら、丹田に軽く力を込めたまま、静かにゆっくりと十回呼吸します。

この時は既に比較的深い瞑想状態になっています。そのまま無念無想の境地に入っても良いし、病気の治癒、願望の成就などを念じても良いのです。この時、是非大断言も念じて頂きたいと思います。

・想念と内観

達成したい願望や目標がある人は、その想念を調息法に合わせて、完了形で発して下さい。

①の吸息の間、宇宙の無限力が丹田に収められた、そして全身に満ち渡ったと念じます。

②の充息の間、願望を完了形で念じます。たとえば「完全に健康になった」「膝が正常になった」「○○を手に入れることができた」など。

③の吐息の間、体内の老廃物が吐き出され、全身がキレイになった、若返った（中年以降の方）と念じます。

以上の①～③を五回ずつ繰り返すことを基本とします。

合計が一日で最低二十五回となるようにします。基本的にはそれぞれの願望に対し五回ずつ行いますが、一つの願望に対し、十回、二十回と繰り返しても構いません。

内観……ここで言う内観とは、想念の内容をイメージとして心の眼で観るということです。

何か病気で困っている人は、完全に健康になった自分、たとえば膝が悪い人は颯爽と楽しそうに歩いている自分を心に描きます。また、お金が必要な方は、十分な収入を得て喜んでいる自分、あるいは札束が目の前に積まれている状態などをイメージします。願望が実現した時の感激をイキイキと感じ、楽しんでみましょう。

大断言……正心調息法の後の「静息」の時、世界が完全に調和に満たされた状況を心に描きながら、呼吸と関係なく十回、

「宇宙《うちゅう》の無限《むげん》の力《ちから》が凝《こ》り凝《こ》って、真《まこと》の大和《だいわ》のみ世《よ》が生《な》り成《な》った」

と大断言を強く念じます。

大断言

大和のみ世とは、天も地も人も、全てが調和された真のユートピアのことです。

そこでは、争い事や病気、自然災害などがないので、軍隊も警察も医者も要らなくなるのです。

すべての人々は、平和と健康、長寿を楽しむのです。


大断言は、狭義には、人間のみならず、鉱物・植物・動物等、地球上の全て存在の調和を意味しています。

そして広義には、地球のみならず、物質的宇宙全体の調和を指しています。

さらに広義には、物質的宇宙のみならず、神々の住む世界も含めた無限のレベルの霊界全体の大調和をも意味しているのです。

即ち、神々の弥栄《いやさか》をも祈っているのです。

ですから、大断言を唱えることは、とてつもない大功徳を積むことを意味していま
す。
そのため、いかなる過去の罪、穢れも全て拭い去られてしまうのです。
結果として正心調息法と大断言を行う人には、必要な時に必要な物が得られるよう
になり、また、大自然が味方してくれるようになります。
最終的には宇宙無限力と一体になり、百事如意、安心立命の境地に達することがで
きると言われています。
詳しくは、塩谷先生の一連のご著書、拙著『すべてを叶える「宇宙無限力」』をご
参照下さい。

宇宙無限力の超活用

塩谷先生にご確認頂いた正心調息法の工夫

ここでは、塩谷先生ご自身からお教え頂いた、講演会やご著書では明らかにされていない塩谷式正心調息法のコツ、あるいは私自身が工夫し、塩谷先生のご賛同を得られたテクニックについて解説したいと思います。

オリジナルの塩谷式正心調息法をしっかり理解した上で、参考にして下さい。

・〝常に〟を付け加える

正心調息法を実践していく過程で、呼吸法直後はエネルギーが身体に満ち渡るのを感じるのですが、時間の経過とともに、まるで電池が切れていくかのようにエネルギーが低下していくのを自覚するのを意識するようになりました。

そこで、吸息の間、「宇宙の無限力が丹田に収められた、そして全身に満ち渡った」と念じるところを、「宇宙の無限力が〝常に〟丹田に収められている、そして全身に満ち渡っている」と、「常に」という言葉を加えてみたところ、エネルギーが減少していく感覚がなくなり、力に満たされている感覚が持続するようになったのです。

このことを塩谷先生にお話し申し上げましたところ、「それは素晴らしい。是非続けなさい」と、諸手をあげて賛成して下さったのでした。

・肛門を締めつづける

「充息」の時、「肛門を閉める」と教えられていますが、塩谷先生に確認しましたところ、

「できることなら、呼吸法をやっている間中、ずっと肛門は閉めておいた方が良い」

とのことでした。

実際にやってみると、初めは違和感がありますが、続けていると意外と簡単にできるようになります。

現在、私は調息法の間中、肛門を閉めて行っています。

肛門を閉めることは、ヨガや武道でも重視されています。

まだ科学的に明らかにされていない、何らかの重大な意味があると思っています。

・神の無限の力

ある時、「宇宙の無限の力が……」と念じる代わりに、「神の無限の力が……」と念じても良いかどうかを塩谷先生にお訊ねしたことがありました。

すると、先生は、

「本来、それが正しいのだが、宗教的なことを嫌う人たちも多いので、宗教臭くないように〝宇宙の無限力〟としたのだ」と仰られました。

もし神の存在を信じておられる方なら、「神の無限の力が……」と念じることをお勧めします。

私自身、そうしています。

・宇宙無限力を全身で吸収する

ある時、塩谷先生に、

「宇宙無限力は、息を吸う時に鼻から入ってくるのですか？」

とお尋ねしたところ、

「いや、宇宙無限力は、全身から入ってくるように感じる」

と答えられました。

それ以来、私は正心調息法を行う時、宇宙無限力が全身から体内に、雪崩のように流れ込んでくるようなイメージをしながら行っています。

まず宇宙無限力が丹田に流れ込み、丹田が眩しく光り輝くのが心の目で見えます。その後、丹田から全身にエネルギーが広がり、全身が光り輝くのが心の目で見えるのです。

・分けて行っても良い

正心調息法を二十五回行うには、ある程度の時間が必要です。

一度に二十五回できれば理想的ですが、忙しい方は、五回、十回と分けて行っても構いません。

このことについて塩谷先生に確認しましたところ、よろしいとのことでした。

ただし、合計二十五回はやって欲しいと仰っていました。

私自身の意見を述べさせてもらえば、全くやらないよりは、一日に五回だけでも良いから継続することが極めて重要だと思います。

たった五回でも素晴らしい効果を実感することでしょう。

もっとも、大断言は、毎日十回以上は唱えて欲しいと思います。

正心調息法が終わった後の静息の時だけでなく、気がついた時はいつでも唱えて欲しいと思います。

散歩中、信号待ちの間、スーパー等でレジ待ちをしている最中等、「気がついたらいつでも」です。

塩谷先生にご確認頂いていない工夫

ここでは、塩谷先生にご確認頂いていないが、私自身が実践し、有効と思っている正心調息法のコツについて述べてみたいと思います。

・上半身の前屈

吐息の時、上体を軽く前屈させると、楽に、十分に息を吐き切ることができます。他の呼吸法では、大きく上体を前屈させ、顔を真っ赤にしながらハアーッと激しく息を吐くことを勧めている場合がありますが、正心調息法では、〝苦しくない程度に、無理をせずに〟ということが原則です。

・腰を立てて行う

姿勢の項で述べましたように、猫背気味で行うよりは胸を張り、腰を立て仙骨を少し前傾させることにより、より強く丹田を意識でき、吸息の際の宇宙無限力の丹田への充満を実感できます。

もちろん、高齢の方、痛みを感じる方は無理をしてはいけません。

・プチ正心調息法

〝プチ正心調息法〟とはわずかな空き時間ができた時、〝心を込めて、一回だけ〟正心調息法を行う方法です。

たった一回の呼吸でも、エネルギーが再充電され、心が静まるのを実感し、とても気持ちが良いです。

誰にでも気軽にできて、私自身とても重宝します。

・ミニ正心調息法

私の場合、正心調息法を丁寧に行うと、一回一分程かかります。

そのため、もっと気軽にできないだろうか、と思っていました。

そこで、吸息をもう少し軽く行い、充息をもっと短めにし、吐息も最後まで吐き切ろうと力まずに気楽に行ってみました。また、想念・内観も簡単に短めにします。

そうすると、〝本格的な〟正心調息法より気軽に、何回でも楽に繰り返すことができました。

この〝ミニ正心調息法〟は、プチ正心調息法の場合より、もっと短い時間しかない時、真剣に調息法を行うと、かえって疲れてしまう人等に有効です。

とても気軽に、しかも長時間でき、且つ効果も十分あり、お勧めです。

私は、診察の合間等、チャンスがあると、いつでもプチ正心調息法やミニ正心調息法を行い、心身をリフレッシュしています。

・ながら正心調息法

私は毎日録画したテレビ番組を観ます。その際、ただテレビを観るだけでは時間がもったいないと思い、観ている間、この〝ながら正心調息法〟を行っています。

一～二時間の番組を観ている場合、かなりの回数行うことができます。

番組の内容を理解しながら、同時に想念を発することは、それ程難しいことではありません。是非、お試し下さい。

なお、この本の最後に「大断言」「大宣言」の言葉が入ったカードをつけました。

これらのカードは、それぞれ切り取ってサイフやバッグに入れて持ち歩いたり、あるいは一ページそのまま額に入れて部屋に飾って下さい。そして、時々カードを見ながら心の中で、あるいは声に出して大断言や大宣言をつぶやいてみて下さい。

全知全能にして完全無欠の自らの本質を思い出し、大断言の言霊を発しましょう。

宇宙呼吸法

〝プチ正心調息法〟、〝ミニ正心調息法〟より、さらに普通の呼吸に近い呼吸法を紹介したいと思います。

一日中でも手軽に行える呼吸法です。

やり方は、普段の呼吸より少しだけ深く吸い、呼吸を止めることなく、少し深めに吐く、という方法です。

その際、吸息時に宇宙の無限の力が全身から丹田に流れ込み、丹田が眩く光り輝くのをイメージします。その際、〝常に宇宙の無限の力が丹田に満たされている〟と想念します。

そして、呼吸を止めることなく吐息に移行し、〝常に全身に満ち満ちている〟と想念し、宇宙無限力が老廃物を体外に押し流しながら丹田から全身に広がり、体全体が光り輝くのを心の目で見ます。

さらに、宇宙無限力が全身から溢れ出て、周囲にまで広がっていくのを心の目で見ます。

慣れてくると、想念や映像は消え失せ、ただひたすら宇宙に遍満《へんまん》する無限力が丹田に集まり、それが全身に、さらには周囲に、宇宙全体へと再び広がっていくのを〝感じているだけ〟となります。

私は、一日に何度も、思いついた時はこの呼吸法を行っています。

私の場合、瞑想開始時にこの呼吸法を行うと、すぐに深い瞑想状態に移行していくことができます。

歩きながらでもできます。その際は、その人は〝歩くパワースポット〟となるのです。

宇宙呼吸瞑想法

宇宙呼吸法を瞑想時に使うと、容易に深い瞑想状態に入れることは先に述べました。

これは、インドの「ホン・ソー瞑想法」や禅の「数息観」にも通じるテクニックです。

これを〝宇宙呼吸瞑想法〟と呼びます。

宇宙呼吸瞑想法は、様々な想念を用いることにより、願望実現に応用することもできます。

十分に瞑想が深くなったところで、力まずに、軽やかに自分の目的とする想念を発するのです。

例えば、吸息時に、丹田に宇宙無限力が集中するのを感じつつ、「完全に健康となった」と想念し、吐息時に、全身に宇宙無限力が広がるのを感じつつ、「ありがとうございます、ありがとうございます、ありがとうございます」と想念するのです。

宇宙呼吸法で深い瞑想状態に入ったところで、宇宙無限力に満ちた状態で強力に想念を発するのです。

もちろん、深い瞑想状態のまま、想念を用いず、無念・無想を保持することも、素晴らしい効果を得られます。

正心調息法と宇宙呼吸瞑想法を中心に、ミニ正心調息法、プチ正心調息法、宇宙呼吸法等を用いて、百事如意の人生を目指したいと思うのです。

宇宙呼吸大断言

塩谷先生直伝の正心調息法では、大断言は調息法の最終の静息の時に行うものでした。

しかし、宇宙呼吸瞑想法の時に大断言を行うと、素晴らしい効果があるのです。すなわち、吸息時に〝宇宙の無限の力が凝り凝って〟と念じつつ、宇宙無限力が丹田に流れ込み凝縮するのを感じ（可能なら心の目で見る）、吐息の時に〝真の大和のみ世が生り成った！〟と念じ、宇宙無限力が身体全体に広がり、さらに宇宙へ拡散していくのを感じる（可能なら心の目で見る）のです。

吸息時に、〝宇宙の無限の力が凝り凝って〟と念じる時、宇宙無限力が怒濤の如く丹田に集まり、文字通り、〝凝り凝る〟のを感じ、心眼では強烈に輝く白球として見えます。

そして呼息時に〝真の大和のみ世が生り成った!〟という念を載せた宇宙無限力が身体全体を満たし、さらには宇宙全体へと広がっていくのを感じる時、何とも言えない爽快感を感じるのです。

心眼では、身体全体が白く輝き、その輝きが宇宙全体へと放射されるのが見えます。

大断言の完成

大断言を熱心に唱えていると、そのうち何かが足りない、と感じるようになりました。

いろいろ考え、試してみると、(神様への)〝感謝の言葉〟が入ってないからではないかと思うようになりました。

そこで、大断言を唱えた後に、「ありがとうございます、ありがとうございます、ありがとうございます」と三回唱えてみたところ、完全に満足のいく結果となりました。

現在、大断言を唱える時は、最後に必ず三回〝ありがとうございます〟の言霊を唱えるようにしています。

大宣言

正心調息法を用いて、様々な願望を達成していく中、一つの疑問が沸き起こってきました。

あれが欲しい、これが欲しいと、いろいろなものを欲しがっているばかりの自分に疑問を感じるようになってきたのです。
〝あれこれ欲しがってばかりいる自分とは一体何者なのだ？〟
ということです。

私たちにとって、人生で最も重要な事柄の一つは、
〝私たちはいったい何者なのか？　どこから来てどこへ行くのか？〟
ということではないでしょうか？

私たちの本質は、神から分かれた神の分身なのです。
神道では、これを〝神の分けみたま〟と呼んでいます。

それ故、ここで初めて明かすことですが、私は大断言と共に、以下のような言葉を絶えず唱え、いつも自分の本質を思い出すようにしています。

〝我は（神の子）、全知全能にして完全・無欠、永遠・無限の愛と感謝と喜びなり〟

自分自身の本質を宣言するこの言葉を、〝大宣言〟と称しています。

私たちの本当の姿は、〝宇宙の始まる前から存在し、宇宙が終わった後も存在し続ける、全知全能で完全無欠、永遠・不滅の存在〟なのです。

それ故、大病、失業、失恋といった、日々直面する様々な問題など、我々の本質から見ると本当に些細な事柄なのです。

肉体的な〝死〟でさえも、です。

ですから、人生で起こる様々な出来事に囚われすぎず、常に自分の本質を思い出し、心を明るく、爽やかに保つようにしようではありませんか。

そのような観点から日常の自分自身を眺める時、些細なことに一喜一憂している自分がおかしくもあり、また、愛おしくも感じるのです。

そして、神から与えられた、この環境と人生を、良いことも悪いことも含めて、全てを十分に味わい尽くし、楽しもうと思えるようになるのです。

大宣言を唱え続けていると、身体の内側からエネルギーが湧きあがり、元気になります。

私は、夜眠りにつく前、朝、目覚めた直後のウトウトしている状態に、欠かさずこの大宣言を唱えます。

また、洗顔後やトイレから出た後等に、目の前の、鏡の中の自分（の眉間）を見つめながら、唱えます。

さらには、車を運転中の信号待ち、スーパーのレジに並んでいる時等、チャンスがあれば、いつも心の中で大断言と共に大宣言を唱えています。

大断言を唱える時は、初めに大宣言を一回唱え、自分の本質を確認した後、大断言を唱えるようにしています。

気がついたら、いつの間にか大断言や大宣言を唱えていたという状態になるまで、意識的に唱え続けることが重要です。

宇宙呼吸大宣言

宇宙呼吸法を用いながら、吸息時に〝我は全知全能にして完全・無欠〟と（心の中で）唱え、吐息時に〝永遠・無限の愛と感謝と喜びなり！〟と唱えてみるのも、とても効果的です。

言葉が長すぎて呼吸が続かない方、あるいはもっとゆっくりと行いたい方は、二回に分けてやってみることをお勧めします。

すなわち、一回目の吸息時に〝（我は）全知全能にして〟と（心の中で）唱え、吐息時に〝完全・無欠〟と唱え、二回目の吸息時に〝永遠・無限の〟と唱え、吐息時に〝愛と感謝と喜びなり！〟と唱えるのです。

是非、お試し下さい。

その素晴らしい効果に驚かれるでしょう。

大宣言正心調息法

最近は、正心調息法をするのが、とても楽しみになってきました。

一日に何十回も行っていると思います。

正心調息法の充息の時、

〝我は（神の子）、全知全能にして完全・無欠、永遠・無限の愛と感謝と喜びなり！〟

という大宣言の想念を繰り返し発するのです。

特に、瞑想の前、夜、寝る前等に行うと、大宣言が潜在意識に強く刻み込まれるのが感じられ、その効果には素晴らしいものがあります。

その際、心眼には、自分自身が眩く光り輝く光体として映ります。

この頃は、道を歩きながら何気なく大宣言をつぶやいてもズシーンと心に響くのが感じられ、潜在意識にまで強く刻み込まれているのを実感します。

そのためか、いつも心が穏やかで、腹の立つことがなくなり、何となくウキウキして楽しいのです。

充息時、特に大宣言を繰り返し強く想念して行う正心調息法を、

〝大宣言正心調息法〟

と命名したいと思います。

そして、静息の時、**自分自身が全知全能で完全・無欠であることを自覚した波動の高い状態で、大断言を唱える**のです。

現在の私にとって、正心調息法とは大宣言正心調息法であり、**正心調息法の完成型**と思っています。

大宣言正心調息法と大断言を続ける時、誰もが真の幸せを手に入れることができると確信しています。

おわりに

私はテニスが好きで、時々近所の公園の中の練習場に出かけます。
先日、そこの駐車場に車を止め、練習場へと歩いていた時のことです。
アスファルトの歩道の横には草々や木々が生えていました。
ふと、歩道の横に小さな綺麗な花が咲いているのに気がつきました。
立ち止まり、しばらくその美しい花に見入った後、心の中で思いました。
「きれいな花を咲かせて、私たちの目を楽しませくれてありがとう！」
花が、かすかに揺れました。

また歩き出すと、後ろから「私たちはどうなの？」という思いが伝わってきました。

「えっ？」と思い振り向くと、それは花の周りの草々からでした。

「花を咲かせない私たちはどうなの？」との思いが伝わってきました。

「あ、ごめんごめん。皆さんもきれいな緑色で人間の目を癒し、心を和ませてくれてありがたく思っています。ありがとうございます」と心で唱え、再び歩き出しました。

すると、また、「では、私たちは？」との思いが伝わってきました。

振り向くと、それは周りに生えている木々からでした。

「ああ、すみません。皆さんのおかげで、美しい緑、涼しい木陰、そこを吹いてくる心地良い風、酸素の供給等、とても多くの素晴らしい恩恵を人間は受けています。本当にありがたく思っています」と感謝の思いを送りました。

歩き出すと、またまた、「では、私たちは？」という思いが伝わってきました。

今度は空からでした。

空を見上げると、息を呑むほどの美しく、果てしなく広がる青い空、白い雲が目に入りました。

その美しさに思わず息をのみ、しばらく立ち尽くしていました。

しばらくそれに見惚れた後、空に向かって思いを放ちました。

「本当に、美しい姿を私たち人間に見せてくれてありがとう！」

その瞬間、突然悟りました。

〝この、とてつもなく美しい世界を創って下さった方が、私を、その真ん中にそっと置いて下さったのだ〟と。

すると、私を取り巻く全ての存在と共に、それらを創造し、私をこの世に送り出し、生かせて下さっている神様に対する圧倒的な感謝の念が、身体中から湧き上がってきました。

そして思いました。

私は、なんて幸せ者だろう！　と。

そして、そう思える状態に導いて下さった神様に、再び感謝を捧げるのでした。

その後、この体験を思い出す度、何度も何度も、「ありがとうございます！」と唱えるのですが、どれだけ感謝しても、感謝し足りないと思えるのです。

最近、ますますこの世界の素晴らしさ、過ぎゆく一瞬一瞬の時に対する愛おしさを強く実感するようになりました。

道を歩いている最中、ふと立ち止まり、あたりをしげしげと眺めます。

道を歩く人々、道路を走る車、遠くに見える街並みや緑、美しい空……。

まるで赤ん坊が初めて目にする景色のように、その形、色の完璧さに感動し、また聴こえてくる様々な音、暖かい日差し、肌を撫でていく風等をしっかり味わいます。

これまで〝当たり前〟であった景色が、突然光り輝いて見えるようになったのです。

なんという美しい世界！　なんという完璧な世界でしょう！


いつか地上を離れる時が来た時、これらに執着してしまわないか、少し心配なくらいです。

ああ、神様、どうか、全ての存在に、完璧な幸福と平安がもたらされますように！


〝神の無限の力が凝り凝って　真の大和のみ世が生り成った！〟

錦城ひかり

カバーの写真は沖縄県那覇市の世持《よもち》神社です。管轄の波上宮《なみのうえぐう》様のご許可を頂き、写真を使用させていただきました。波上宮様に心より御礼申し上げます。

〈補遺1〉ブログ「院長の言いたい放題」より引用

三・一一に唱える大断言（二〇一六・三・一〇）

明日で、あの日からもう五年になるのかと思うと感慨深い。

いつしか世の中は、まるで何事もなかったかのように毎日が過ぎていくようになったが、僕自身は一日として当時のことを忘れたことはなかった。

テレビでは、何度も同じ曲とコマーシャルが繰り返し流れ、スーパーに行っても、商品棚は殆ど空であった。

ガソリンスタンドには、給油の順番を待つ車の列……。

日本中が沈鬱な空気に包まれ、誰も口にしないが、「もしかしたら、この国はもうダメかもしれない」というような無言の絶望感の広がりを感じていた。

僕は、何度も大断言を唱えながら、折れそうになる自分の気持ちを奮い立たせていた。

見事に立ち直った現在の日本は、震災で亡くなられた方々への最大の供養になったのではないだろうか。

あらためて、亡くなられた方々の御霊のご冥福と、その遺族の方々をはじめとする、全ての被災者の皆さま方の一刻も早い精神的、経済的完全復活を祈りたい。

明日、午後二時四十六分、ちょうど五年前の地震発生時に瞑想をしていたその場所で、大断言を、一層心を込めて唱えたいと思うのである。

このブログを読んでいる方々も、是非ご一緒に大断言を唱えて欲しいと切望するのであります。

三・一一に唱える大断言　2（二〇一六・三・一二）

昨日は、午後二時四十分頃から〝大宣言正心調息法〟を開始し、午後二時四十六分より、大断言を一〇〇回、心を込めて唱えた。

犠牲者の方々のご冥福とともに、世界平和、日本の繁栄、皇室の弥栄、僕にかかわる全ての人々（もちろん、このブログの読者も含む）の幸福を祈りつつ唱えたのであった。

〝宇宙の無限の力が凝り凝って　真の大和のみ世が生り成った〟

〈補遺2〉正心調息法と大断言

正心調息法と大断言を続けていて、最近、思うことがある。

塩谷先生は、正心調息法より大断言を広めたかったのではないだろうか、と。

正心調息法は、どちらかと言うと、個人的なものである。

健康や経済的成功、対人関係の改善等。

しかし、どんな健康を手に入れても、富を手に入れても、人間は、せいぜい一〇〇年程しか生きられないのだ。

一方、大断言は、この宇宙全体だけでなく、無限に続く霊的世界の大調和をも実現しようとするものであり、〝とてつもない徳を積む行為〟なのだ。

その徳の影響は、現在の人生だけでなく、死後も続いていくものである。

大断言を行っていれば、正心調息法で得られる、全てのものが得られると思う。

正心調息法は、宇宙無限力を収束・放射し、大断言の効果を飛躍的に高める役割を持っているのだ。

我々凡人は、自分のことを差し置いて世界の大調和を祈り続けることは難しい。

そこで、塩谷先生は、個人的な成功を前面に出しながら、大断言を唱えるきっかけを与えて下さったのではないだろうか。

現在の世界情勢を見ていると、塩谷先生が仰っている〝みそぎ〟が近づいているのかもしれない、と感じることがある。

『宇宙のパワーを呼び込む生き方』（『すべてを叶える「宇宙無限力」』）のアメリカで

の出版を急ぎたいと思っている。

また、来年は中国語訳にも取り掛かりたいと思っている。

早く、正心調息法と大断言を世界中に広めたい！

〈補遺3〉因果律を超えて……〝いま〟こそすべて

元オレゴン大学の原子核理論物理学教授、アミット・ゴスワミ氏の著書『驚天動地』（ＶＯＩＣＥ・刊）の内容は、題名通り、驚天動地の内容だ。

量子論から導かれるこの宇宙は、我々のこれまでの常識とは、はるかにかけ離れた姿を現す。

この著書で最も驚愕したのは、「生命が誕生した後、それを誕生させるために必要とされる、ビッグバンに至る過去が形成された」ということだ。

つまり、〝結果が先にあり、その結果を生じるための原因（過去）が形成される〟ということだ。

私自身は、結果が生じた瞬間、未来も決まると思っている。

つまり、〝**現在という結果が決まった途端、それに見合った過去と未来が生じると思われる**〟のだ。

このアミット・ゴスワミ氏の考えは、我々が当然と思っていた因果律、カルマの法則等が成り立たない、ということを意味している。

何しろ、これらの既存の概念では、先に原因があって、それに見合った結果が生じるということが絶対的な前提となっているからだ。

私が、ある高僧と『喜びから人生を生きる』（ナチュラルスピリット・刊）の著者で、臨死体験後生還したアニータ・ムアジャーニさんのことについて話した時のことだった。

アニータは、がんの末期で臨終に近い状態から生還したのだった。

「アニータの経験によると、あの世では裁くということはなく、ただ愛のみの世界ということだそうですよ」と言ったところ、その高僧は、少し気色ばんで、「因果の法則は宇宙の根底をなすもので、たとえお釈迦様でも、その法則から逃れることはできないのだ！」と仰っていた。

アニータは、臨死体験中、この世に戻るか、そのまま霊界にとどまるかの決断を迫られていた。

もし、彼女がこの世に戻ると決心した場合、直前に行われた医師の検査結果は良好なものとなり、一方、戻らないと決めた場合は、検査結果は絶望的なものになることが分かっていたという。
また、この世に戻ると決心した場合、がんが短期間で消失することも分かっていたとのこと。

つまり、戻るか否かの決意（現在）により、過去（検査結果）と未来（がんが消失するか否か）決定するのだ。
アニータ自身、「この瞬間に私たちが行う選択によって、未来と同じように、自分の過去も効果的に変えられるということです」と述べている。

ある宗教の神のお告げの中で、次のような言葉がある。

〝おかげでないことでもおかげと思え。おかげにしてやる〟

このお告げも、同じことを意味していると思われる。

やはり、現在、今この瞬間の思い・決意こそが何よりも重要なのだ。

この瞬間の思い・決意が過去と未来を決定するのだ。

今この瞬間こそが全てなのだ。

ならば、毎瞬、毎瞬、全てが完璧、最善最高だと思うことを決意しようではないか。

そして、〝我は神の子、全知全能にして完全・無欠！〟と確信し、〝真の大和のみ世が生り成った！〟と断言しよう！

〈補遺4〉丹田生活の勧め

最近、丹田呼吸の時だけでなく、日常生活全般で丹田を意識的に用いるように心掛けている。

例えば、歩いている時、丹田に重心を置きながら歩くよう心掛ける。

階段を上る時は、〝丹田で足を押しながら〟上っていく。

また、日常生活の中、何度も〝頭の重さ〟が丹田に載っていることを確認する（つまり、背筋が真っ直ぐとなっている）。

それを実行していて、面白く、また興味深いのは、〝丹田から想いを発する〟ことである。

私たちは、通常、胸あるいは頭部付近でいろいろと考え、感じている。

それを、意識的に丹田で感じ、丹田から想いを発するようにするのだ。

どのように丹田から想いを発するのか？

いろいろなやり方があると思うが、私の場合は、注意を向けると〝白く輝く球体〟として見える丹田から、思考を放射するつもりで想念を発するのだ。

その際、丹田がさらに輝くのが心の目で見える。

最初、あまり上手くいかなかったり、少し違和感を持ったりしたが、すぐに慣れてきた。

そして、丹田から想念を発する時、強い手ごたえのようなものを感じるのだ。

現在は、〝丹田生活〟に夢中である。

〈補遺5〉丹田：身体操作への応用

ある時、大学病院で〝重心動揺計〟を経験した。

重心の安定性を計測し、迷路障害、脳障害の検出やバランス訓練に用いられる機械だ。

初めは遠くの目印を凝視した状態で両足を揃えて立ち、重心の安定性を測定する。なんてことはない。当然、安定して立っていられる。

その後、目を閉じて同じ計測をするのだが、目を閉じた途端、身体が揺れ出した。我々は、かなりの部分、視覚情報を基にして平衡を保っているらしい。

一瞬、困ったと思ったが、すぐにあることを思いついた。丹田に重心を下ろし、その重みを両くるぶしの間に落としてみたのだ。

すなわち目を閉じて失った外部の基準を、内部に作ったのだ。

丹田に降ろした重心と、両くるぶしを結ぶ直線のずれを補正することにより、驚くべきことに開眼の時よりも重心が安定したのだ。

検査を担当した技師さんも、「こんな結果は初めて見た」と、目を丸くして驚いていた。

「実は……」と種明かしをすると、「こんなことをする人は、初めて見ました」とまたまた驚いていた。

この方法は、あらゆるスポーツ、武道だけでなく、高齢者の安定歩行やリハビリテーションにも応用できると思うのだが、いかがであろうか。

〈補遺6〉丹田：武道への応用

ボクシングや様々な武道の打撃は、上半身を主に用いて行っている。

しかし、突きを丹田で行うと、爆発的な破壊力を発揮する。

ある古武術のセミナーでのこと。

私とペアになったのは、フルコンタクト空手の道場に通う、背の高い外国人であった。

最初の練習は、向かい合って立ち、一瞬で相手の横っ腹を掌底で打撃するという練習だ。

私が大きなミットを持ち、彼がやってみるのだが、彼は上半身のみ（というより腕だけ）で打つ方法しか知らないので全く威力がない。パシッ、パシッと小さな音を立てるだけである。

私が代わって丹田を使って打ってみせると、バシーンと大きな音を立てて、ミットは彼の手を離れ、数メートル先へ飛んで行ってしまった。

彼は、驚きの目で私を見つめていた。

次は、正拳突きの練習だ。

やっと得意の技が繰り出せると思ったらしく、彼の表情に笑みが浮かんだ。

しかし、彼にミットを突いてもらったが、それほどの威力を感じない。上半身のみで打つ癖がついているからだ。

代わりに私が丹田を用いて突いてみせると、彼は危うく後ろへ転倒するところであった。

小柄な私の突きを甘く見ていた彼は、先程よりもさらに目を丸くして、驚いて私を見つめるのであった。

丹田での突きは、その威力があまりにも大きいので、受ける方も丹田で衝撃を受ける方法を知っていないと、余程の体格差がないと受け止めきれないのだ。

またミットを通してでも強い衝撃力が伝わるので、ミットも二枚くらい重ねて持った方が安全である。

このように、丹田は精神的・霊的な力の源であるだけでなく、物理的な威力も絶大なのだ。

〈補遺7〉斉場御嶽での奇跡

二〇一七年一月二日に再び当地を訪れたのだが、正月休みということもあり、観光客で混雑していた。

なかなか良い写真が撮れないので、人の流れが途切れるのを待っていたのだが、全くその気配がない。

参拝者を整理している係りの女性は、「正月三が日は、訪れる人が多く、途切れる事はありません。」と語っていた。

私は「閉園間際まで粘ったら、何とかなるのでは？」と言ったのだが、「閉園間際になると、さらに混みます」とのこと。

なるほど、待っているとますます人が増えて来た。

そこで、そこに鎮座しますます神様にお願い申し上げることにした。

「今度出版する本のカバーのための良い写真を撮りたいと思っております。どうか、少しの間だけ、人の流れを止めて頂けないでしょうか？」

一心に祈っていると、なんと表現したらいいのだろうか、〝爽やかな風が心の中を、一瞬吹き抜けたような感じ〟がした。

願いが聞き入れてもらえたことを悟り、有頂天になった私は、係の女性に「神様からOKが出たので、間もなく人が途切れますよ」と言った。

しかし、彼女は〝ふふっ〟と冷ややかに笑うだけであった。あり得ないと思っているようだった。

ところが、間もなく、十数秒の間、完全に人の流れが途絶えたのだった。その時撮った写真をお見せしたかったのだが、管轄する地元の許可が下りず、残念ながら公開できない。

これは、偶然に取られた写真ではなく、神様ご自身が、しばらくの間、人の流れを止め、〝どうぞ〟と撮らせてくれた貴重な写真なのだ。

神様のお許しが出たのだから、いつの日か公開できる時が来ると信じている。

この写真からは、強いパワーが感じられる。

今回の出来事は、神様からのお返事を受け取るとはどういうことかを経験できた、とても貴重な体験であった。

なお、斉場御嶽を訪れる際は、まず、拝所で真剣な祈りを捧げてから観光、写真撮影を行ってほしいと思うのである。

著者プロフィール
錦城 ひかり（きんじょう ひかり）
沖縄県生まれ。医学博士。循環器専門医。
著書『すべてを叶える「宇宙無限力」』（文芸社）

宇宙無限力の超活用

2017年5月15日　初版第1刷発行
2024年9月10日　初版第2刷発行

著　者　錦城 ひかり
発行者　瓜谷 綱延
発行所　株式会社文芸社
〒160-0022　東京都新宿区新宿1－10－1
電話　03-5369-3060（代表）
03-5369-2299（販売）

印刷所　株式会社フクイン

ISBN978-4-286-18201-8

宇宙《うちゅう》の無限《むげん》の力《ちから》が凝《こ》り凝《こ》って、
真《まこと》の大和《だいわ》のみ世《よ》が生《な》り成《な》った

我は(神の子)、全知全能にして完全無欠、
永遠・無限の愛と感謝と喜びなり

我は(神の子)、全知全能にして完全無欠、
永遠・無限の愛と感謝と喜びなり

宇宙《うちゅう》の無限《むげん》の力《ちから》が凝《こ》り凝《こ》って、
真《まこと》の大和《だいわ》のみ世《よ》が生《な》り成《な》った